# A Floresta Encantada de Melissa

*Mellina Cosmo Louzada*

**Dados Internacionais de Catalogação na Publicação (CIP)**
**(Câmara Brasileira do Livro, SP, Brasil)**

Louzada, Mellina Cosmo
A floresta encantada de Melissa / Mellina Cosmo
Louzada. -- 1. ed. -- Marechal Floriano, ES :
Ed. da Autora, 2023.

ISBN 978-65-00-69467-3

1. Amizade - Literatura infantojuvenil
2. Solidariedade - Literatura infantojuvenil
3. Fantasia - Literatura infantojuvenil I. Título.

23-155443 CDD-028.5

**Índices para catálogo sistemático:**
1. Literatura infantil 028.5
2. Literatura infantojuvenil 028.5
Henrique Ribeiro Soares - Bibliotecário - CRB-8/9314

"A Floresta Encantada de Melissa" é uma empolgante história sobre amizade, solidariedade, empatia e amor familiar. Melissa descobre um portal mágico dentro de seu armário que a leva até uma floresta encantada onde conhece Sabrina, uma raposa falante. Juntas elas embarcam em uma aventura num reino mágico e saem à procura do vaso perdido, mas acabam encontrando Sthefany, uma menina que precisa de ajuda para encontrar sua família.

Nesta aventura, elas descobrirão a importância da amizade, da solidariedade e do amor ao próximo e perceberão que esses valores são mais importantes do que qualquer bem material.

## Parte I

# O ARMÁRIO E A FLORESTA

◆ ◆ ◆

Na casa de Melissa havia um lindo armário. As pessoas que lá moravam, não sabiam que o armário era misterioso, cheio de fantasias e segredos.

Num belo dia, Melissa abriu o armário, encontrou uma floresta encantada e lá viu uma raposa que comia uma maçã e passeava pelo bosque.

A raposa então lhe perguntou:

– Quem é você? O que faz aqui?

Melissa respondeu:

– Eu também não sei como
vim parar aqui.

– O meu nome é Sabrina, e o seu?

– Ah! O meu nome é Melissa,
mas que lugar é esse?

– Aqui é a Floresta Encantada, onde os animais falam e as flores também. Aqui temos fadas, sereias, unicórnios, um rei, uma rainha e duas princesas. Aqui, os pássaros sempre estão felizes, livres e a cantarolar, respondeu a raposa Sabrina.

– Que lugar incrível! Disse Melissa.

– Você pretende ficar aqui por muito tempo? Quis saber a curiosa raposa.

E Melissa respondeu:

- Eu acho que sim, porque não sei como cheguei nesta floresta.

- Então...venha comigo. Tenho que te levar até a família real, pois são eles que decidem se você pode ficar aqui por um tempo ou não.

◆ ◆ ◆

## Parte II

# O REINO

Ao chegarem dentro do castelo, Sabrina apresentou Melissa para o rei e para a rainha. Eles fizeram uma reunião para decidir se uma pessoa, sem poderes mágicos, teria permissão para ficar na floresta. Após uma longa conversa, permitiram que ela ficasse.

Melissa ficou muito feliz com a decisão e foi conhecer um pouco mais da floresta. Já dentro da floresta, Sabrina lhe perguntou:

- Mel, onde você vai ficar esta noite?

- Eu não sei; não conheço ninguém por aqui. Eu posso ficar na sua casa? Perguntou Melissa.

– Mel, você pode ficar na minha casa, sim. Aqui somos acolhedores e adoramos praticar o bem.

– Obrigada, Sabrina, você é muito gentil!

A noite chegou e as duas foram para casa.

◆ ◆ ◆

## Parte III

# STHEFANY

◆◆◆

No dia seguinte, elas acordaram com o nascer do sol porque queriam aproveitar tudo o que a Floresta lhes oferecia: o ar puro, o frescor das sombras e o canto dos pássaros. Mas algo não saiu como elas esperavam: a raposa Sabrina percebeu que um vaso que ela ganhou do seu tataravô havia sumido. Sabrina ficou muito aflita, porque aquele vaso era uma relíquia para sua família.

Foi então que Melissa e Sabrina começaram uma jornada para achar o vaso. Procuraram por todo canto da Floresta Encantada, mas não o acharam. Por fim, decidiram subir numa colina, onde seria o último lugar a procurar pelo vaso. Subiram, subiram e, quase no topo, avistaram uma menina que estava chorando muito.

Melissa se aproximou dela e perguntou:

– Ei menina, por que você está chorando? Você também perdeu algo especial?

A menina respondeu:

– Perdi, sim! Não encontro o caminho para casa e nem a minha família.

A raposa perguntou:

– Qual é o seu nome, menina?

Ela respondeu:

Meu nome é Sthefany e estou procurando pelos meus pais.

Melissa e Sabrina não sabiam que a busca pelo vaso perdido se transformaria na maior missão de suas vidas. Imediatamente, foram solidárias a Sthefany e começaram a ajudá-la a procurar por sua família.

◆ ◆ ◆

**Parte IV**

# A JORNADA

◆◆◆

Andaram, andaram, e juntas descobriram que muitas vezes na vida, as coisas materiais ficam pelo caminho, mas que, jamais, podemos desistir de procurar pelas pessoas especiais que amamos. O vaso era só um objeto, mas a família de Sthefany era o que ela tinha de mais precioso.

Após uma incansável busca, Sthefany reencontrou sua amada família e agradeceu

muito a Melissa e Sabrina
por terem lhe ajudado.

**Parte V**

# A VOLTA PRA CASA

◆◆◆

Após cumprirem essa importante missão, Melissa e Sabrina também voltaram para casa: sem o vaso, mas felizes porque praticaram o bem e ajudaram Sthefany.

No caminho de volta para casa, aconteceu que Melissa se distraiu com as borboletas que coloriam o céu e tropeçou num galho de árvore. O tombo foi tão grande que Melissa desmaiou.

Sabrina, tentando reanimar sua amiga, dizia:

– Melissa, acorda,acorda, acorda!

Melissa acordou assustada e viu que era sua mãe que estava a lhe chamar:

– Acorda filha! Você está atrasada para ir à escola.

Melissa, sem entender muito bem o que estava acontecendo, percebeu que as aventuras da Floresta Encantada não haviam passado de um sonho. Sentou-se na cama, respirou aliviada e deu um forte abraço em sua mãe. Rapidamente se levantou, se aprontou e foi correndo para a escola.

◆ ◆ ◆

# Fim

www.ingramcontent.com/pod-product-compliance
Lightning Source LLC
Chambersburg PA
CBHW040749170726
48282CB00019B/104
*9786500694673*